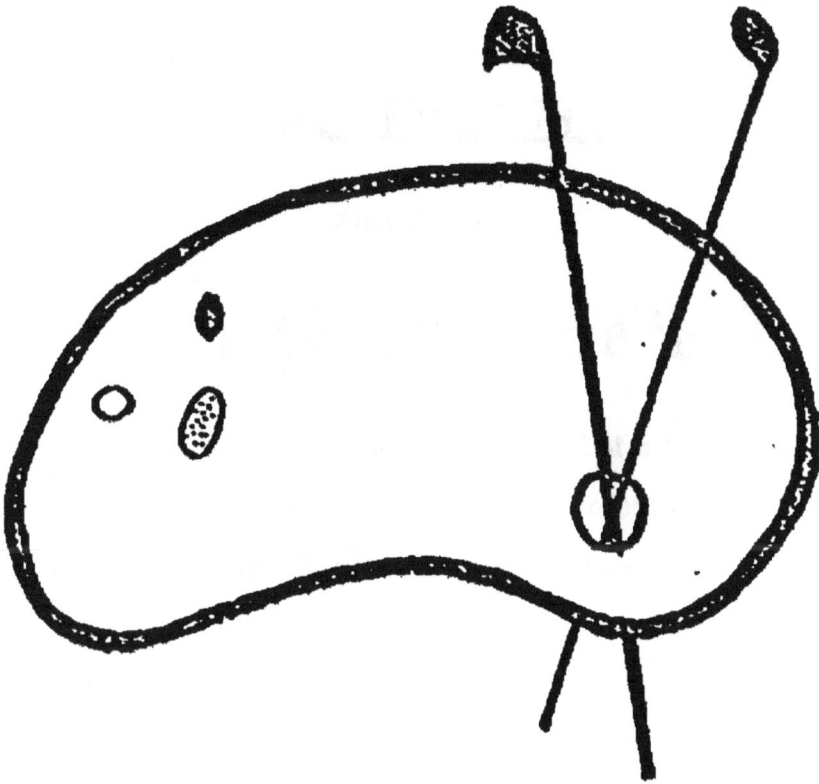

DEBUT D'UNE SERIE DE DOCUMENTS
EN COULEUR

PRO PATRIA

LETTRE

ÉCRITE AUX

Enfants du Quercy

Dans le but de les unir et de susciter

ou entretenir chez eux l'amour de la nature

et la passion de leur village

PAR

E. SIREYZOL

Être Utile

CAHORS

L. PLANAVERGNE, libraire

4, rue du Lycée, 4

.1894

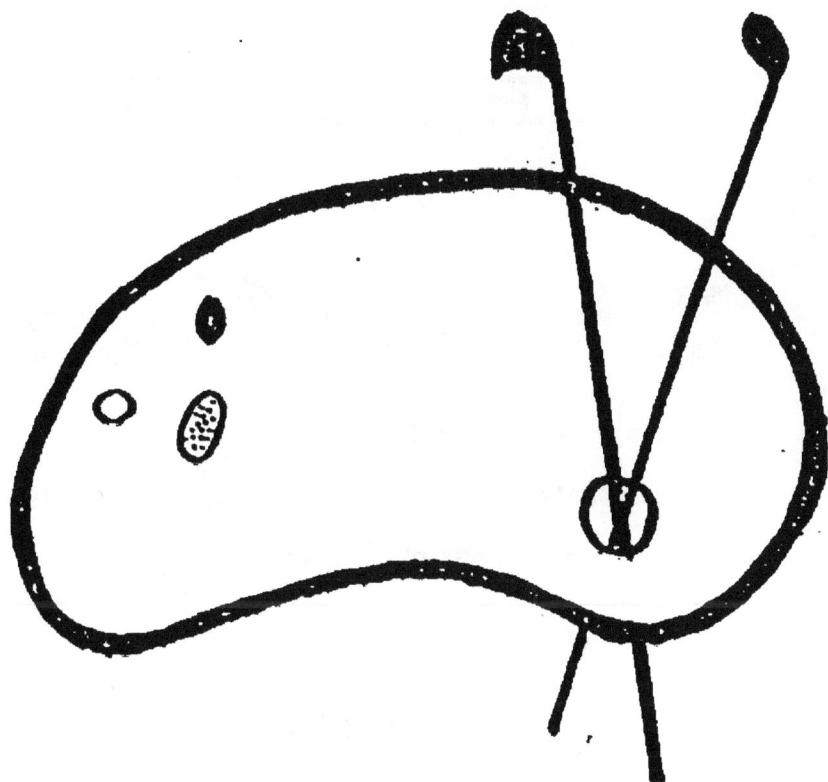

FIN D'UNE SERIE DE DOCUMENTS
EN COULEUR

PRO PATRIA

LETTRE

ÉCRITE AUX

Enfants du Quercy

Dans le but de les unir et de susciter
ou entretenir chez eux l'amour de la nature
et la passion de leur village.

PAR

E. SIREYZOL

Être Utile.

CAHORS
L. PLANAVERGNE, libraire
4, rue du Lycée, 4
—
1894

POUR LA PATRIE

—◦◦◦—

Pour la Patrie, un immense soupir — sorti de la poitrine de tous ses enfants — fortifierait les grandes espérances, serait le prélude de sa prospérité et le signe avant-coureur... de nouveaux rayons de gloire qui viendraient s'ajouter à son antique renommée, encore tout irradiée des clartés du génie et de l'intelligence du bien.

E. S.

Songeons au passé ; rêvons à l'avenir.

PATRIE — ORDRE — PAIX — PROGRÈS
PROSPÉRITÉ — LIBERTÉ
UNION — FRATERNITÉ — HARMONIE

—◦◦◦—

D'être aussi prompt au soupçon qu'à l'enthousiasme, à l'injustice qu'à l'engouement, au découragement qu'à l'effort, c'est le propre de la faiblesse et de la mobilité.

*Pas d'**Union** sans confiance, pas de **Prospérité** sans persévérance, pas de **Liberté** sans l'**Ordre** qui l'assure. Et sans confiance et sans persévérance et sans ordre, point de sentiments **Patriotiques**, point de **Fraternité**, point de **Paix**, point de **Progrès**.*

*En dehors de la voie sublime du progrès, toujours de regrettables conflits et point d'**Harmonie**.*

E. S.

Aux Enfants du Quercy

MES CHERS COMPATRIOTES,

Sous forme de brochure renfermée dans un cadre restreint, je viens d'écrire — à tous les cultivateurs français, vos frères — une lettre en ce sens conçue :

Créés pour vous, leur dis-je, les Syndicats agricoles sont puissamment en mesure de réaliser tout le bien que vous pouvez vous désirer.

Leur but, entre tous des plus louables est :

1° De ruiner la routine et de vous entraîner sur le courant qui porte vers le progrès... que vous ne devez pas confondre avec l'agitation ;

2° D'améliorer votre sort ;

3° De vous convier à vous unir dans la pensée généreuse de mieux être moral, matériel et de prospérité nationale ;

4° De resserrer les liens d'amitié et de fraternité qui vous unissent et de veiller à ce qu'ils ne s'interrompent ;

5° De semer, de faire germer et de faire fructifier en vous, l'amour sacré de la Patrie ;

6° De labourer la matière cérébrale pour la rendre accessible à la lumière ;

7° De herser enfin les cœurs pour qu'ils deviennent perméables à l'infiltration des sentiments humains.

J'espère bien que tous les cultivateurs français, vos frères, comprendront aisément que, dans les Syndicats agricoles, les idées justes, les vues fécondes abondent et qu'il importe — qu'à l'inverse de quelques plantes parasites qui tuent les arbres qui les bercent dans leurs rameaux — que de nombreux adhérents, parmi eux recrutés, viennent les rendre plus vivaces et que — par de nouvelles multiplications de rayons dont ils doivent être les facteurs — devienne plus éclatante la lueur projetée

sur le monde civilisé par ces soleils dont les six princi-
paux satellistes se nomment : *Patrie, Union, Fraternité.
Paix, Progrès, Prospérité.*

Voilà, en substance, ce que, dans leur intérêt aussi
bien que dans le vôtre, je viens d'écrire à tous vos frères,
les cultivateurs de France.

A vous, Enfants du Quercy, mes compatriotes — qui,
sous votre *camias*, avez su garder votre sang et votre
cœur ; à vous qui donnez, à tous, l'exemple de la dignité
dans la vie et de la régidité dans les mœurs, à vous qui
avez la saine et vertueuse habitude de vous coucher de
bonne heure et de vous lever bien avant qu'apparaisse le
cercle d'or que dessine la lampe matinale — je dirai en
particulier :

a. — Dans l'arène des Syndicats — où se révèlera la
conscience de votre valeur — précipitez-vous pour y
combattre la routine et y refaire votre éducation... forte
et finie.

b. — Rapprochez-vous et vous nouez à l'abri de l'ar-
bre syndical dont la verte ramure est tout embaumée des
parfums de la *loyauté* et du *désintéressement.*

c. — A l'ombre régénératrice des syndicats — où
l'on devient robuste comme un chêne et fort comme un
cric — agglomérez-vous pour combattre les accapareurs
dont l'escarcelle est toujours complaisante, toujours ab-
sorbante et aussi profonde que le tonneau des Danaïdes ;
compactez-vous-y pour résister aux rapias qui tondraient
volontiers, un œuf et... vous y condensez pour guérir —
de l'appétit du bien d'autrui — tout les compagnons de
même envergure.

Ensuite, je dirai :

Par la désertion insensée de nos chères contrées, n'é-
pandez pas, sur elles, la misère et le silence ; mais aimez
de toute votre âme, nos riches plateaux calcaires où —
alimentés par le tym et le serpolet — croissent merveil-
leusement, de nombreux troupeaux de ruminants et de
bêlants. Par les liens, de plus en plus séduisants, d'un intérêt gros et net, rattachez-vous à ces maigrières rou-
geâtres et littéralement pelées où — de novembre à fé-
vrier — de précieux tubercules, arômatisés et à robe
brune, vous donneront la permission de puiser de l'or
dans la bourse des fins gourmats et de tous les grands
amateurs de dindes, poulardes et autres pièces truffées.

Et puis :

Aimez la frondaison verte, les délicieux ombrages et les frais sous-bois de cette contrée quelque peu sibérienne où viennent mourir les monts d'Auvergne et où s'épanouissent de riants vallons constellés de blanches marguerites et de reflets des boutons d'or des célestes prairies... qui se mirent— durant les belles nuits printanières et estivales — dans les fonds transparents des sources dont les eaux vives, s'échappant sur la mousse, brillent, jusqu'au bas de la pelouse, en de longs prêts d'argent.

Et puis après, Idolâtrez :

a. — La plaine fertile du Lot ;

b. — Les sites pittoresques du Célé ;

c. — La corbeille de verdure dont la belle ceinture se débouele sur les berges fleuries du Drauzou ;

d. — Le grand tapis vert que fécondent, que combattent et empêchent de jaunir les eaux canalisées de la Tourmente dont l'onde reflète le Puy d'Issolus qui fut, dit-on, l'assiette de l'antique Uxcellodunum ;

e. — Les vastes prairies qu'arrose le Sceou ;

f. — La productive vallée du Lindou ;

g. — Les vertes lanières qui s'étirent sur tout le parcours du Vert, de la Masse et de Lourajou ;

h. — La jolie rotonde où, tout près de son cœur — de son cœur monticulisé — glisse, doucement la paisible Barguelonne ;

i. — Ces vieux rocs au-dessus desquels tourbillonne le vol circonflexe des corneilles ; ces vieux rocs, dis-je, qui, se contemplant dans un morne silence, se recourbent sur l'Alzou comme pour cacher, plus profondément encore, le tombeau de Zachée et le sanctuaire où de la mère de Dieu, seront perpétuellement célébrées les grandeurs et la gloire ;

j. — La profonde déchirure où — sous de larges feuilles vertes parmi lesquelles s'ouvre la coupe blanche des nénuphars — l'Ouysse pa'p'te et entretient, par sa fraîcheur, la pureté des pensées et la candeur des impressions ;

k. — Le cirque fermé par un moutonnement de collines si douces à gravir dès que l'aubépine boutonne ; de collines que la Bave — en ligne droite — interromt, à peine, entre deux rives admirablement étoffées de verdure et sous un ciel-de-lit mollement balancé par l'haleine des zéphyrs ;

l. — Cette vallée accidentée, pleine de variétés que la

Cère — ce chemin mobile et ultra-limpide — embellit là-bas, un peu en amont de Bretenoux, de ses capricieux méandres tout ourlés de peupliers et de saules ; idolâtrez dis-je, cette vallée où caressés par d'admirables successions de tons verts et de suaves effluves... le regard trouve à se reposer et les poumons à se dilater ;

m. — Et les ruisselets caillouteux et les combes pleines de la chanson des sources ;

n. — Et les bords enchanteurs de la Dordogne dont le cristal, se mouvant, lentement, à fleur d'une végétation luxuriante, réfléchit, nettement, de ravissants panoramas qui s'y déroulent avec une puissance de fascination qui rive le touriste au sol... d'où il fait partir des fusées d'exclamative admiration.

Ne vous éloignez pas de cette nappe liquide dont les remous, produits par le souffle des brises caressantes, la rendent pareille à une soutache de moire d'argent et dont le moindre frisson devient -- sous le rayonnement du Père de la vie — un scintillement de pierreries.

Pour mieux vous ancrer dans notre vert Limargue — qui possède, à Miers, une source minérale qui ajoute à sa richesse — aidez-vous du souvenir des beaux jours où la brise souffle sos prés, fait onduler ses riches moissons et mêle le susurrement du feuillage à une pluie de notes joyeuses fidèlement redites par les échos... dans la gloire des éléments rajeunis et de l'heureuse paix des horizons champêtres.

Chérissez notre terre âpre et saine, superbe et rugueuse où les pierrailles calcinées des Caisses et de tous leurs gosiers altérés referont votre fortune en nourrissant, bientôt, comme naguère, la vigne de sucs généreux.

Ah ! combien vous devez aimer — sous tous les aspects et par tous les côtés — ce riche et beau pays que baigne, que caresse une lumière vive et filtrée que dore le froment, qu'ombrage le marronnier, qu'enguirlande la vigne, qu'enrubane la prairie, qu'embaume la truffe... et que nous devons être fiers de désigner sous les noms de : Jean XXII, Champollion, Clément-Marot, Murat, Bessières, Cavaignac, Canrobert, Gambetta, etc, e.c,.... qui l'ont illustré.

Aimez le Quercy qui, à l'uniformité qui est l'ennui et la mort, oppose l'harmonie qui est la joie et la vie ; aimez l'ensemble de ce pays de variétés où l'œuvre admirable de la nature procure toute une gamme de sensations ineffables et intenses, qu'accompagne la gaieté... signe de puissance.

Sans aucune réserve et sans le moindre partage, accordez, je vous en supplie, la plus grande somme d'affection aux abords plaisants de toutes les artères hydrauliques tributaires des cours d'eau précités... ainsi qu'à toutes leurs lignes de démarcation dont les flancs désolés — comme les champs de bataille après la défaite — attendent de nouveaux cépages pour vous combler de nouvelles et précieuses largesses.

Enfin, je vous dirai de réconforter votre espérance en fixant, en votre mémoire la plus fidèle, ces mots incontestablement véridiques : Tout renaît dans la nature et, si la vie ne peut être un banquet de perpétuelle jouissance, il y a mieux cependant, pour quiconque lutte et persévère, que des épines et des ronces... et que du farouche même.

Enfants du Quercy, nobles et purs rejetons des Gaulois, sachons qu'avec notre bouillant courage et notre intrépide vaillance, il suffit que nous nous donnions la main et serrions nos rangs pour attirer dans nos voiles des souffles favorables et voir tout refleurir dans notre beau pays — de soleil, d'agriculture, de viticulture, de trufficulture et d'élevage — où la Nature... toujours s'endort paisible, clémente et douce.

Pour déployer... nos ailes rabattues, nous avons assez de ressort et assez vive est notre intelligence pour entendre les appels du devoir et sentir l'aiguillon de l'intérêt qui, à l'heure présente, se confondent pour mieux nous stimuler à prendre cet élan qui nous fera rebondir, de prospérité en prospérité, dans ce coin privilégié de notre chère France... où un des plus beaux pans de sa robe reprendra. sous notre ciel d'azur et balayé de nuages. une nouvelle teinte d'émeraude striée de cordons vineux aux nationales couleurs.

Encore une fois, l'avenir aux nuances plus roses, nous invite à nous débrouiller des passes difficiles, à les franchir et, dans sa direction, à imprimer à notre volonté un plus puissant essor.

Puisse l'espérance, que rien n'a pu arracher de nos cœurs. lasser la mauvaise fortune, surcroître notre énergie et, dans la poursuite de plus heureux jours, exalter notre courage encore affaissé, mais susceptible d'être enflammé si peu que — dans un autre ordre d'idées. — nous reportions nos songes sur la vaillance de nos

aînés qui ont semé, pour nous, aux heures difficiles, qui ont labouré dan la tourmente et à qui nous devons les moissons que nous ramassons à pleines mains.

A l'œuvre donc pour que se complète la résurrection de nos vignobles et, aussi, pour prouver que, sans relâche, nos cœurs unis battent généreusement, pour la grande loi de l'amour universel.

₊*₊ Vous, qui de la terre, retournez le sein fécond et vous, qui transformez ses richesses dans le recueillement des ateliers, donnez-vous la main au nom de la Fraternité et de votre regard fier et étendu comme celui de l'aigle, éclairez et préparez — à s'employer pour le bien public — vos cœurs relevés et fortifiés dans l'union.

Dans la revendication croissante de vos droits, puissiez-vous ne vous laisser emporter par une ardeur trop vive ou irréfléchie ; en même temps, puissiez-vous puiser dans votre conscience, toutes vos résolutions et, pour qu'il refleurisse, cultiver l'espoir que la confiance mutuelle implante dans les cœurs bien nés.

Puissiez-vous, enfin, élever vos âmes jusqu'aux sphères où se réflètent l'infini... .au-dessus du rideau de nuées que tente, en vain, de rendre plus opaque l'universelle vanité.

Alors, peut-être, tomberont les masques que plissent de multiples ironies pour nous laisser voir — sous une traduction humanitaire — les plus bienveillantes pensées.

₊*₊ L'homme n'étant qu'un enfant grandi, c'est aussi à vous les grands tout aussi bien qu'aux petits, que je me permets d'adresser l'épître que vous venez de lire.

Je ne puis, par conséquent, terminer sans avoir l'honneur de vous donner quelques conseils moraux qui me sont inspirés par le désir de vous voir heureux.

Ainsi, *Dieu, la Patrie, le Cœur, la Conscience, le bon renom* vous commandent, impérieusement, à vous, les grands de n'importe quel âge, de donner de bons exemples à vos enfants, de maîtriser leurs volontés, de redresser leurs mauvaises inclinations et de les exhorter à suivre le droit chemin et à éviter celui où l'on trébuche.

Et vous, mes chers petits, sachez profiter de la tendresse et de la fermeté de vos parents chéris. Cultivez bien votre cœur, ornez votre mémoire, exercez votre esprit. Dans la lutte pour l'existence, préparez-vous de bonne heure afin, qu'une fois dans la mêlée, vous ne puissiez manquer ni de courage ni d'énergie.

Obéissez à vos parents, à vos maîtres, à tous les re-présentants de l'autorité et, entre frères, sœurs et cama-rades, aimez-vous les uns les autres.

Ayez pitié des malheureux, secourez ceux qui ont faim, consolez ceux qui pleurent.

Envers tous, envers les animaux eux-mêmes soyez bons, doux, compatissants.

Respectez-vous toujours vous-mêmes, respectez tout le monde et bien plus profondément vos parents, vos chefs, les magistrats, les pasteurs et tous ceux à qui in-combe la dure nécessité de commander ou de gouverner.

Témoignez de la déférence aux viellards, vénérez et bénissez les bienfaiteurs de l'humanité.

Inclinez-vous devant l'autorité des hommes et surtout devant celle de Dieu qui est la base et le couronnement de toutes les autorités.

Cultivez vos facultés et conserver cet équilibre moral qui fut, en tout temps, le trait caractéristique et la sauve-garde de notre vieux génie latin.

Sur les bancs de nos écoles, puisez, avec ténacité, l'instruction pour laquelle la France dépense le meilleur de son argent et de sa patriotique tendresse.

Enfin, à l'amour du Premier Républicain, du divin Socialiste laissez-vous attirer et lui demandez le baume qui soulage les cœurs ulcérés et endoloris.

E. S.

VILLE DE CAHORS

Industriels et Commerçants
DU LOT

MAISONS RECOMMANDÉES
PAR LEUR NOTORIÉTÉ ET LEUR LOYAUTÉ

Assurances générales. — A. COUDERC, agent principal, 24, rue Brives.

Contre les accidents et la grêle. — Ernest CANGARDEL, 1, rue des Elus.

Contre l'incendie. — De BERCEGOL, agent principal, 8, rue de l'Université.

La Providence (sur la Vie). — M. DANGÉ D'ORSAY, 1, Quai Champollion.

La Confiance (Incendie, Vie et Grêle). — Gaston ROBERT, agent général, 12, rue Darnis.

La Centrale (contre l'incendie). — A. GRAT, 17, rue du Château.

Le Soleil (sur la Vie). — PINOT, agent général, 8, rue de l'Université.

L'Agence Cadurcienne, fondée en 1889. — Direction Maison Henri IV, 5, quai Champollion, Jacques VALETTE, Directeur. — Renseignements commerciaux, Publicité, Contentieux, Détaxes de lettres de voitures, Patentes et Contributions. — Cession d'offices ministériels, Correspondants dans toute la France et l'Etranger.
Correspondant du Concours Régional et de l'Exposition Industrielle

Vins en gros. — J. PLAYOUS, 5, rue de la Chantrerie.

Vins en gros. — B. NÈGRE, négociant-propriétaire, 10, rue Lastié.

Vins en gros et spiritueux. — E. AURICOSTE, négociant, 28, quai de Regourd.

Vins en gros, fins et du pays. — Madame veuve FARGES, 6, avenue de la Gare.

Distillerie Cadurcienne. — Liqueurs surfines, Sirops, Vins fins. Spécialité de Curaçao triple sec. — J.-B. MONCOUTIÉ, 11, rue du Portail-Alban.

Photographe. — J. VALDIGUIÉ, 5, rue du Portail-Alban *(hors concours).*

Photographie. — HONORÉ et Cie, Breveté S. G. D. G., 77, Boulevard Gambetta, près la Mairie.

PHARMACIE NORMALE
J. FILHOL
PLACE DES PETITES BOUCHERIES, CAHORS

Crédit Foncier. — SUCCURSALE DE CAHORS, 11, Quai Ségur.

Cuirs et Crépins. — J. ALAZARD, 7, rue Clément-Marot.

— 14 —

Librairie générale. — Papeterie, Fournitures de bureaux, Crédit littéraire : 100 fr. de livres payables 5 fr. par mois, Articles de fantaisie, Livres d'étrennes, Reliure et Musique. — L. PLANAVERGNE, 4, rue du Lycée, 4, Cahors.

Hôtel du Cheval Blanc. — L'un des plus renommés et des plus confortables de Cahors, tenu par M. C. TAILLADE fils, rue des Boulevards, 5. 6 et 7 à Cahors.

Mont de Piété, Place de la Citadelle, 5 et rue des Soubirous, 1. — Il est prêté *immédiatement* sur toutes espèces d'objets tels que : Horlogerie, Bijouterie, Orfèvrerie, Joaillerie, Instruments de musique, armes, étoffes, cotons, dentelles, laines, soies, vêtements, chaussures, etc., etc,

Haute Nouveauté. — Parapluies, Ombrelles, Réparations. — Mademoiselle Lucie BÉDUÉ, rue Fonduc-Haute, 33, Cahors.

Atelier de Serrurerie. — Construction en fer, Serrurerie artistique, Sonneries électriques et ordinaires, Quincaillerie, Spécialité pour l'ouverture des coffres-forts de tout systèmes. Maison fondée en 1810. — J. LESTRADE fils, successeur, 47, Boulevard Gambetta, Cahors.

Plâtrerie. — B. MAURICE, entrepreneur, 10, rue Saint-Pierre, Cahors.

Entreprise de Plâtrerie. — François LESCALE, rue du Portail-Alban, 5, Cahors.

Engrais de la Phosphoguano, Company limited pour toutes cultures. — J.-B. DELBRU, place Champollion, 2, Cahors.

46

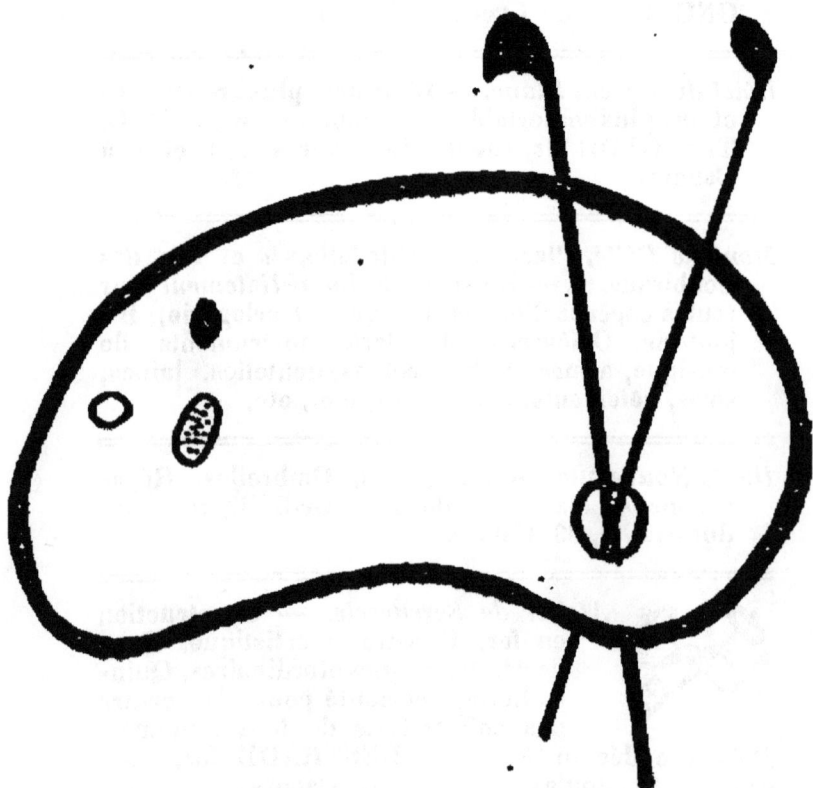

9 782019 619381